Impressum
Verlag: BABADADA GmbH, Nedderfeld 112 , 22529 Hamburg
Geschäftsführer / Verlagsleitung: Harald Hof
Druck: Books on Demand GmbH, In de Tarpen 42, 22848 Norderstedt

Imprint
Publisher: BABADADA GmbH, Nedderfeld 112 , 22529 Hamburg, Germany
Managing Director / Publishing direction: Harald Hof
Print: Books on Demand GmbH, In de Tarpen 42, 22848 Norderstedt, Germany

школа
škola

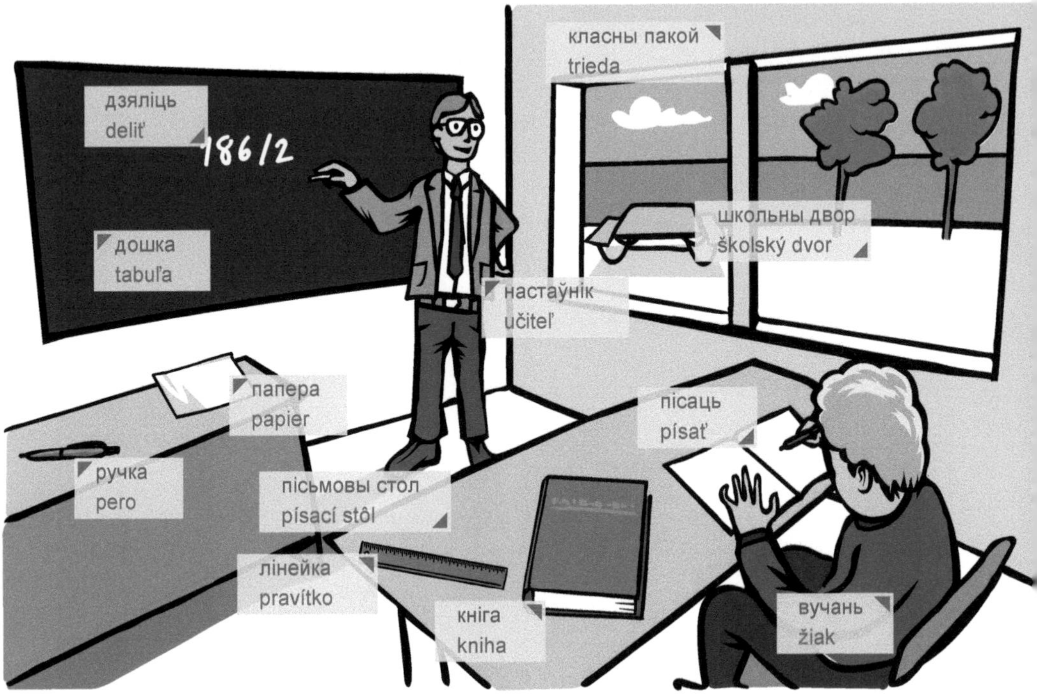

класны пакой
trieda
дзяліць
deliť
186/2
дошка
tabuľa
школьны двор
školský dvor
настаўнік
učiteľ
папера
papier
пісаць
písať
ручка
pero
пісьмовы стол
písací stôl
лінейка
pravítko
кніга
kniha
вучань
žiak

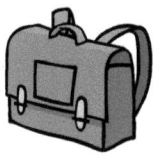

ранец

školská taška

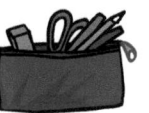

пенал

peračník

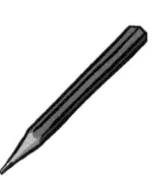

просты аловак

ceruza

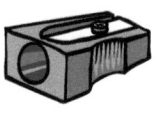

тачылка для алоўкаў

strúhadlo na ceruzky

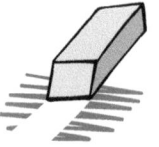

гумка

guma

альбом для малявання

skicár

малюнак

kresba

пэндзлік

štetec

фарбы

vodové farby

нажніцы

nožnice

клей

lepidlo

сшытак

cvičný zošit

хатняе заданне

domáca úloha

12

лік

číslo

2+2

дадаваць

sčítať

5−2

адымаць

odčítať

2×2

множыць

násobiť

лічыць

počítať

A

літара

písmeno

ABCDEFG
HIJKLMN
OPQRSTU
VWXYZ

алфавіт

abeceda

слова

slovo

тэкст
text

чытаць
čítať

крэйда
krieda

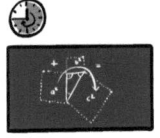

ўрок
hodina

класны журнал
triedna kniha

экзамен
skúška

атэстат
certifikát

школьная форма
školská uniforma

адукацыя
vzdelanie

энцыклапедыя
encyklopédia

універсітэт
univerzita

мікраскоп
mikroskop

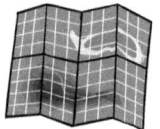

карта
mapa

смеццевы кошык
kôš na papier

гатэль
hotel

Grand

хостэл
nocľaháreň

ROOMS

абменны пункт
zmenáreň

EXCHANGE

чамадан
kufor

аўтамабіль
auto

мова

jazyk

так / не

áno/nie

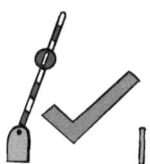

добра

v poriadku

прывітанне!

ahoj

перекладчык

prekladateľ

дзякуй

ďakujem

Колькі каштуе....?

Koľko stojí ... ?

я не разумею

Nerozumiem

праблема

problém

Добры вечар!

Dobrý večer!

Добрай раніцы!

Dobré ráno!

Дабранач!

Dobrú noc!

да пабачэння

Dovidenia

кірунак

smer

багаж

batožina

сумка

taška

заплечнік

batoh

госць

hosť

пакой

izba

спальны мяшок

spacák

палатка

stan

інфармацыя для турыстаў

informácie pre turistov

пляж

pláž

крэдытная картка

kreditná karta

снеданне

raňajky

абед

obed

вячэра

večera

праязны білет

cestovný lístok

ліфт

výťah

паштовая марка

poštová známka

мяжа

hranica

мытня

clo

пасольства

veľvyslanectvo

віза

vízum

пашпарт

cestovný pas

транспарт
doprava

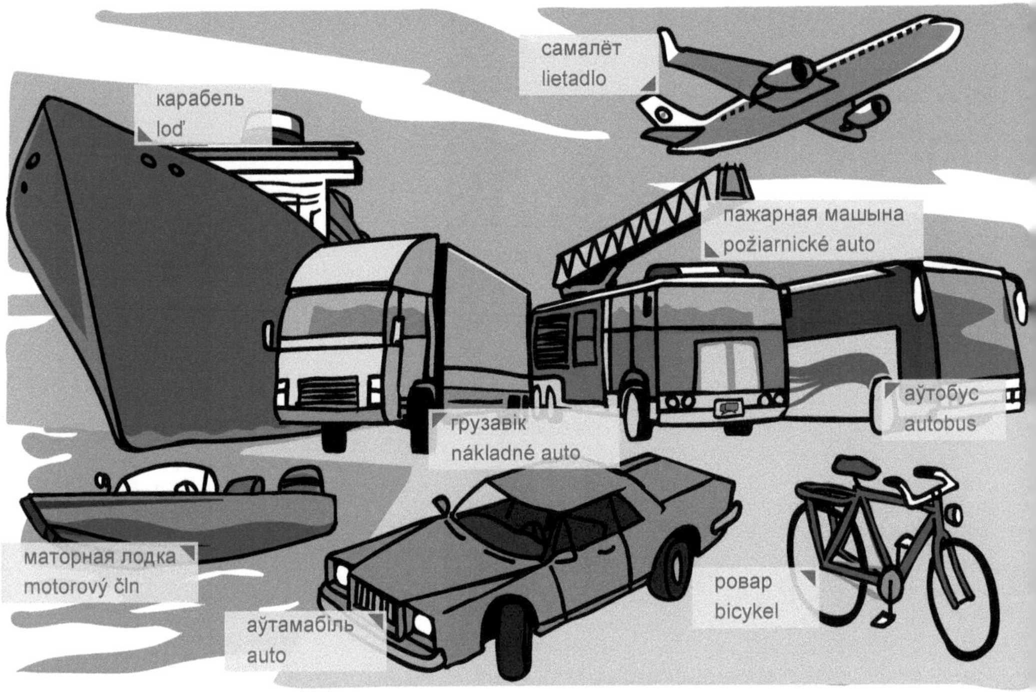

самалёт
lietadlo
карабель
loď
пажарная машына
požiarnické auto
аўтобус
autobus
грузавік
nákladné auto
маторная лодка
motorový čln
ровар
bicykel
аўтамабіль
auto

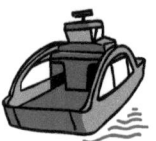

паром

trajekt

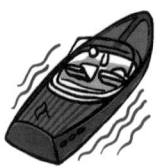

лодка

loď

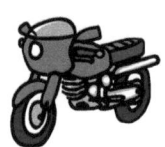

матацыкл

motorka

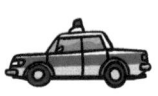

паліцэйская машына

policajné auto

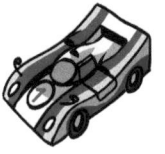

гоначны аўтамабіль

pretekárske auto

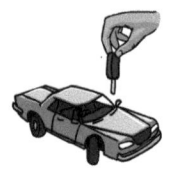

арэндаваны аўтамабіль

vozidlo z požičovne

сумеснае карыстанне
аўтамабілем
carsharing

эвакуатар
odťahové auto

смеццявоз
smetiarske auto

матор
motor

паліва
benzín

запраўка
čerpacia stanica

дарожны знак
dopravná značka

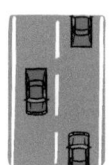

дарожны рух
premávka

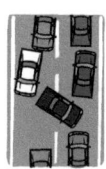

затор
zápcha

паркоўка
parkovisko

чыгуначная станцыя
vlaková stanica

рэйкі
trate

цягнік
vlak

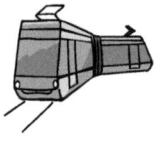

трамвай
električka

вагон
vagón

верталёт

helikoptéra

аэрапорт

letisko

вежа

veža

пасажыр

pasažier

кантэйнер

kontajner

кардонная скрыня

kartón

тачка

vozík

карзіна

kôš

ўзлятаць / прызямляцца

štartovať / pristáť

горад

mesto

вёска

dedina

цэнтр горада

centrum mesta

дом

dom

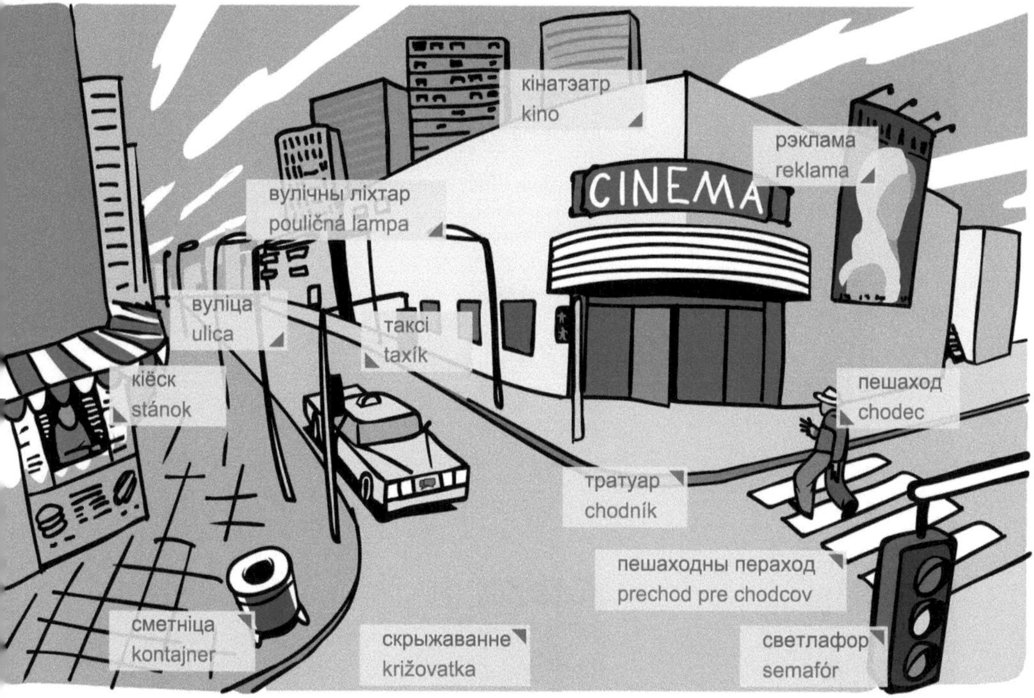

кінатэатр
kino

рэклама
reklama

вулічны ліхтар
pouličná lampa

CINEMA

вуліца
ulica

таксі
taxík

пешаход
chodec

кіёск
stánok

тратуар
chodník

пешаходны пераход
prechod pre chodcov

сметніца
kontajner

скрыжаванне
križovatka

светлафор
semafór

халупа

chata

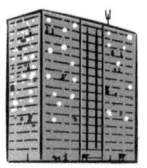

кватэра

byt

чыгуначная станцыя

vlaková stanica

ратуша

radnica

музей

múzeum

школа

škola

універсітэт

univerzita

банк

banka

шпіталь

nemocnica

гатэль

hotel

аптэка

lekáreň

офіс

kancelária

кнігарня

kníhkupectvo

крама

obchod

кветкавая крама

kvetinárstvo

супермаркет

supermarket

кірмаш

trh

універмаг

obchodný dom

рыбная крама

obchodník s rybami

гандлевы цэнтр

nákupné stredisko

порт

prístav

парк
park

лава
lavička

мост
most

лесвіца
schody

метро
metro

тунэль
tunel

прыпынак
autobusová zastávka

бар
bar

рэстаран
reštaurácia

паштовая скрыня
poštová schránka

вулічны паказальнік
tabuľa s názvom ulice

паркамат
parkovacie hodiny

заапарк
ZOO

басейн
plaváreň

мячэць
mešita

сядзіба

farma

забруджванне
навакольнага асяроддзя

znečisťovanie životného prostredia

могілкі

cintorín

царква

kostol

пляцоўка для гульні

ihrisko

храм

chrám

краявід

terén

ліст
list

паказальнік
smerová tabuľa

дарога
cesta

луг
lúka

камень
kameň

дрэва
strom

падарожнік
turista

рака
rieka

трава
tráva

кветка
kvet

даліна
dolina

гара
kopec

возера
jazero

лес
les

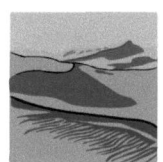

пустыня
púšť

вулкан
vulkán

замак
zámok

вясёлка
dúha

грыб
hríb

пальма
palma

камар
komár

муха
mucha

мурашка
mravec

пчала
včela

павук
pavúk

жук

chrobák

жаба

žaba

вавёрка

verička

вожык

jež

заяц

zajac

сава

sova

птушка

vták

лебедзь

labuť

дзік

diviak

алень

jeleň

лось

los

плаціна

hrádza

вятрак

veterná turbína

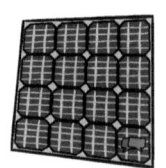

сонечная батарэя

solárny panel

клімат

podnebie

рэстаран
reštaurácia

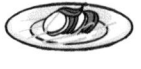

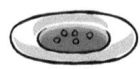

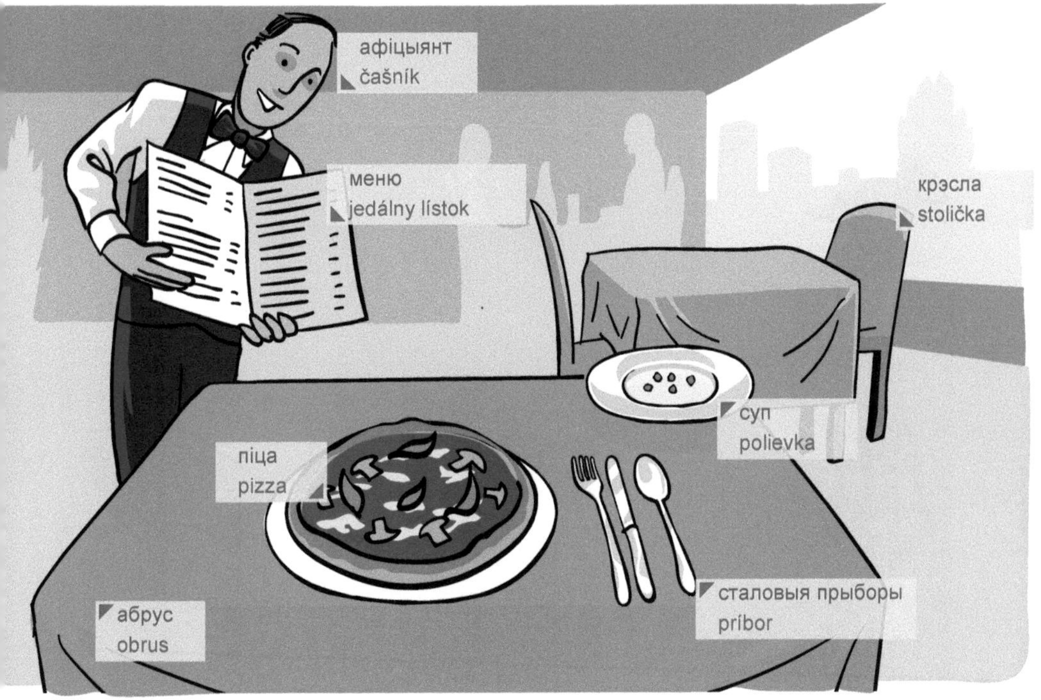
афіцыянт
čašník
меню
jedálny lístok
крэсла
stolička
суп
polievka
піца
pizza
сталовыя прыборы
príbor
абрус
obrus

закуска

predjedlo

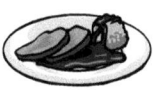

другая страва

hlavné jedlo

дэсерт

zákusok

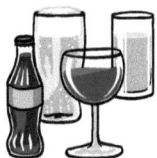

напоі

nápoje

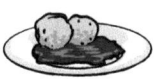

ежа

jedlo

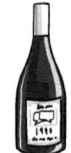

бутэлька

fľaša

хуткае харчаванне (фаст-
фуд)

fast-food

стрыт-фуд

street food

імбрык (чайнік)

kanvica na čaj

цукарніца

cukornička

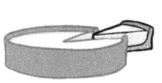

порцыя

porcia

эспрэса-машына

stroj na espresso

дзіцячае крэселка

detská stolička

рахунак

účet

паднос

podnos

нож

nôz

відэлец

vidlička

лыжка

lyžica

чайная лыжка

čajová lyžička

сурвэтка

obrúsok

шклянка

pohár

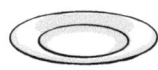

талерка

tanier

супавая талерка

hlboký tanier

сподак

podšálka

соус

omáčka

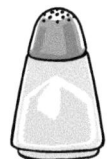

сальніца

soľnička

млынок для перцу

mlynček na korenie

воцат

ocot

алей

olej

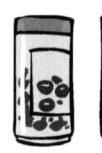

спецыі

korenie

кетчуп

kečup

гарчыца

horčica

маянэз

majonéza

супермаркет
supermarket

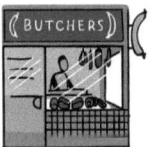

акцыя
špeciálna ponuka
FOR
пакупнік
klient
малочныя прадукты
mliečne výrobky
садавіна
ovocie
вазок
nákupný vozík

BUTCHERS

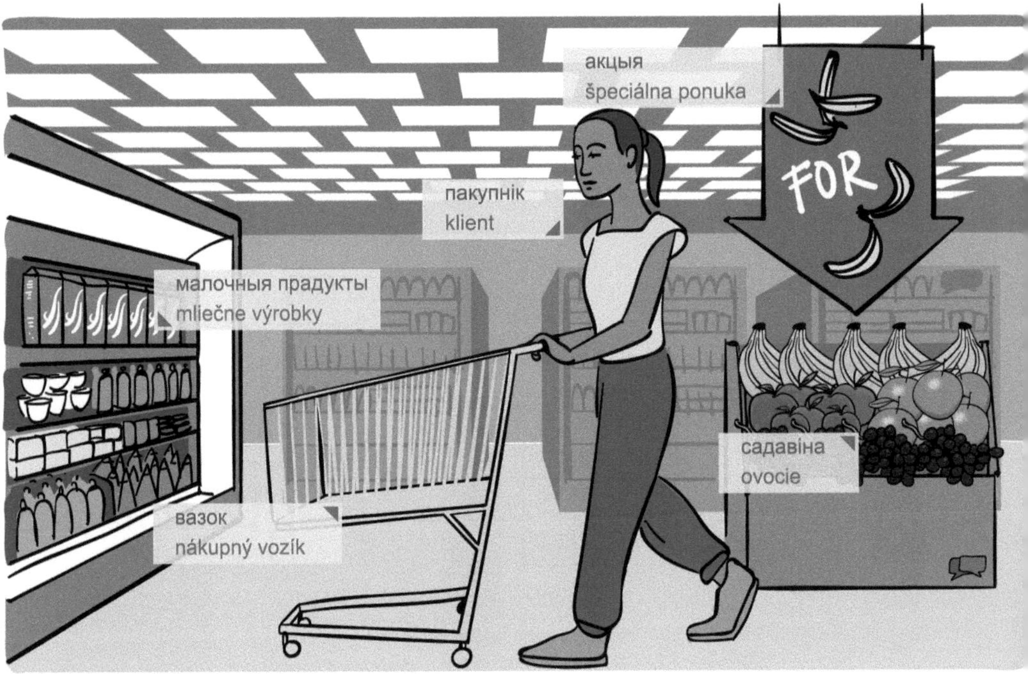

мясная крама

mäsiarstvo

BAKERY

хлебны магазін

pekáreň

важыць

vážiť

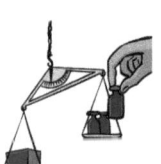

гароднiна

zelenina

мяса

mäso

свежазамарожаныя прадукты

mrazené potraviny

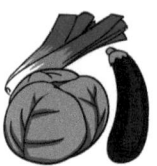

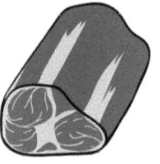

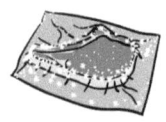

нарэзка

nárez

кансервы

konzervy

пральны парашок

prací prostriedok

прысмакі

sladkosti

хатнія прылады

domáce potreby

чысцячы сродак

čistiace prostriedky

прадавец

predavačka

каса

pokladňa

касір

pokladník

спіс пакупак

nákupný zoznam

гадзіны працы

otváracie hodiny

бумажнік

peňaženka

крэдытная картка

kreditná karta

сумка

taška

пакет

plastové vrecko

вада

voda

сок

džús

малако

mlieko

кола

kola

віно

víno

піва

pivo

алкаголь

alkohol

какава

kakao

гарбата (чай)

čaj

кава

káva

эспрэса

espresso

капучына

kapučíno

банан

banán

яблык

jablko

апельсін

pomaranč

дыня

melón

лімон

citrón

морква

mrkva

часнок

cesnak

бамбук

bambus

цыбуля

cibuľa

грыб

hríb

арэхі

orechy

локшына

rezance

спагеці

špagety

рыс

ryža

салата

šalát

бульба фры

hranolky

смажаная бульба

pečené zemiaky

піца

pizza

гамбургер

hamburger

бутэрброд

obložený chlebík

шніцаль

rezeň

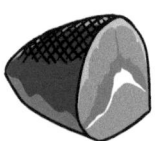

вяндліна

šunka

салямі

saláma

каўбаса

klobása

курыца

kurča

смажаніна

pečené mäso

рыбак

ryba

аўсяныя камякі

ovsené vločky

мюслі

müsli

кукурузныя шматкі

kukuričné lupienky

мука

múka

круасан

croissant

булачка

pečivo

хлеб

chlieb

тост

hrianka

пячэнне

sušienky

масла

maslo

тварог

tvaroh

пірог

koláč

яйка

vajce

яечня

volské oko

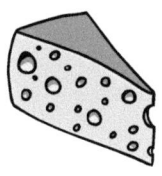

сыр

syr

марожанае

zmrzlina

цукар

cukor

мёд

med

варэнне

lekvár

нуга

nugátová nátierka

кары

karí korenie

сядзіба
farma

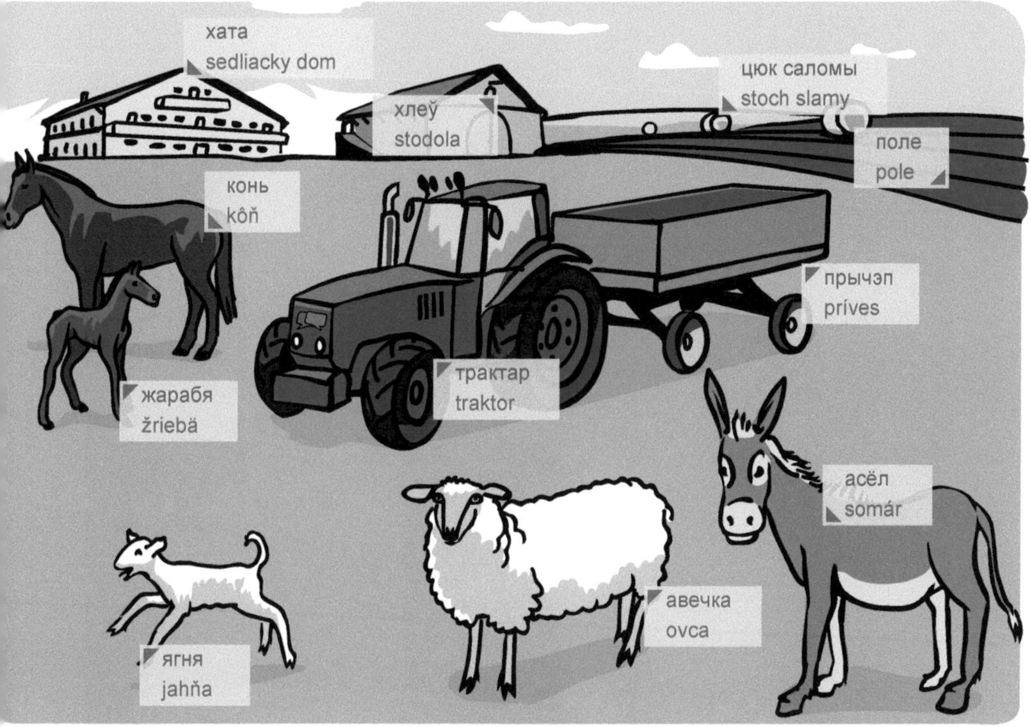
хата
sedliacky dom
хлеў
stodola
цюк саломы
stoch slamy
поле
pole
конь
kôň
прычэп
príves
трактар
traktor
жарабя
žriebä
асёл
somár
авечка
ovca
ягня
jahňa

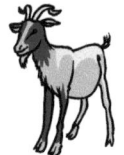

каза

koza

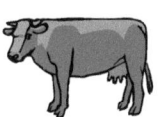

карова

krava

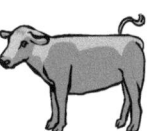

цяля

teľa

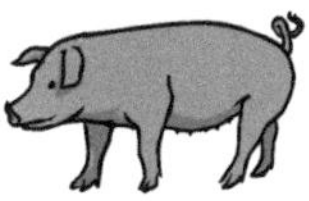

свіння

prasa

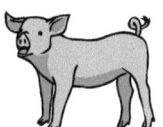

парася

prasiatko

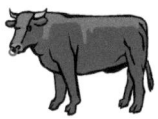

бык

býk

гусак

hus

качка

kačica

кураня

kuriatko

курыца

sliepka

певень

kohút

пацук

potkan

кот

mačka

мыш

myš

вол

vôl

сабака

pes

сабачая будка

psia búda

садовы шланг

záhradná hadica

палівачка

krhla

каса

kosa

плуг

pluh

серп

kosák

матыка

motyka

вілы для гною

vidly na hnoj

сякера

sekera

тачка

fúrik

карыта

koryto

бітон для малака

kanva na mlieko

мех

vrece

плот

plot

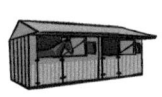

хлеў

maštaľ

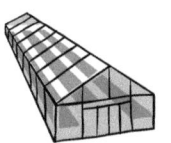

цяпліца

skleník

глеба

pôda

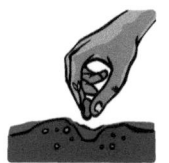

насенне

osivo

угнаенне

hnojivo

камбайн

kombajn

збіраць ураджай

žať

ураджай

žatva

ямс

batát

пшаніца

pšenica

соя

sója

бульба

zemiak

кукуруза

kukurica

рапс

repka

садовае дрэва

ovocný strom

маніёк

maniok

збожжа

obilie

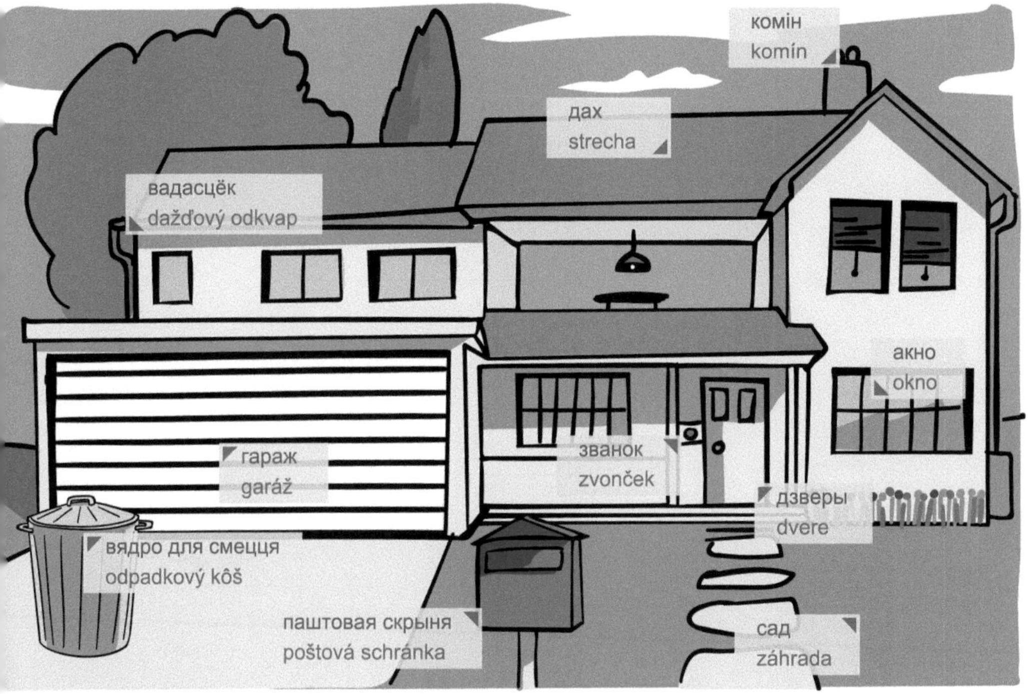

комін
komín

дах
strecha

вадасцёк
dažďový odkvap

акно
okno

гараж
garáž

званок
zvonček

дзверы
dvere

вядро для смецця
odpadkový kôš

паштовая скрыня
poštová schránka

сад
záhrada

жылы пакой
obývačka

ванная
kúpeľňa

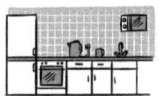

кухня
kuchyňa

спальны пакой
spálňa

дзіцячы пакой
detská izba

сталоўка
jedáleň

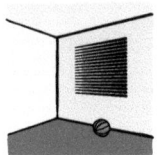

падлога

podlaha

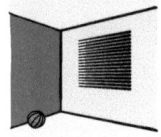

сцяна

stena

столь

strop

падвал

pivnica

саўна

sauna

балкон

balkón

тэраса

terasa

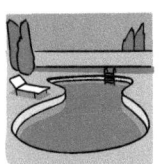

басейн

bazén

касілка

kosačka

падкоўдранік

obliečka

коўдра

posteľná prikrývka

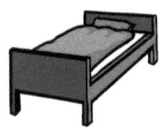

ложак

posteľ

венік

metla

вядро

vedro

выключальнік

vypínač

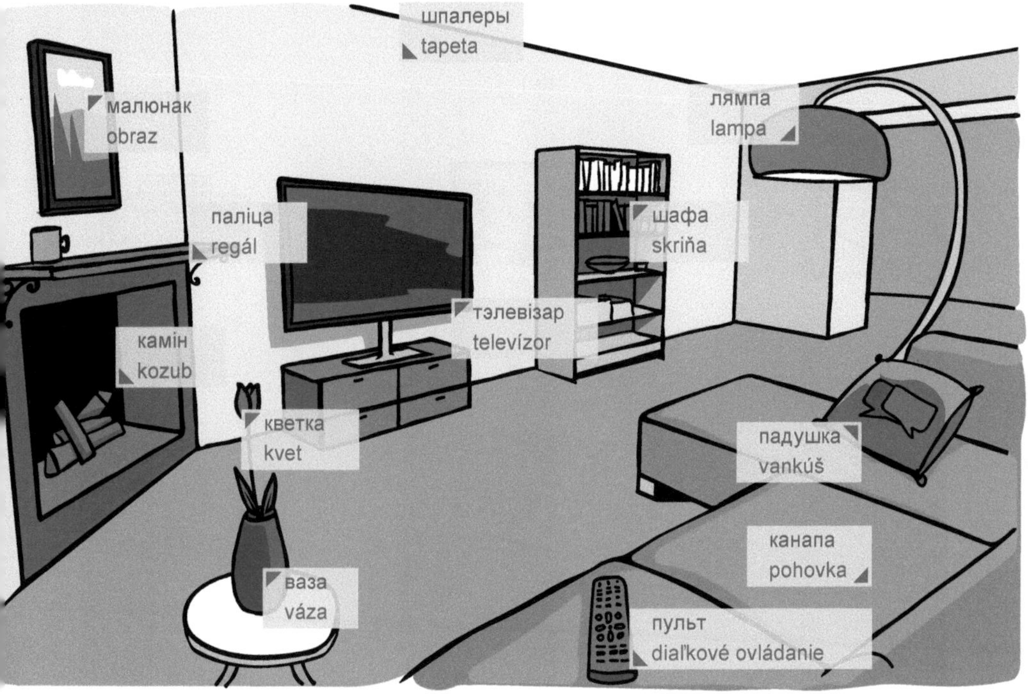

шпалеры
tapeta

малюнак
obraz

лямпа
lampa

палiца
regál

шафа
skriňa

камiн
kozub

тэлевiзар
televízor

кветка
kvet

падушка
vankúš

канапа
pohovka

ваза
váza

пульт
diaľkové ovládanie

дыван
koberec

фiранка
záclona

стол
stôl

крэсла
stolička

крэсла-качалка
hojdacie kreslo

крэсла
kreslo

кніга

kniha

коўдра

prikrývka

дэкарацыя

dekorácia

дровы

drevo na kúrenie

кіно

film

стэрэасістэма

hi-fi veža

ключ

kľúč

газета

noviny

карціна

maľba

постар

plagát

радыё

rádio

нататнік

zápisník

пыласос

vysávač

кактус

kaktus

свечка

sviečka

кухня
kuchyňa

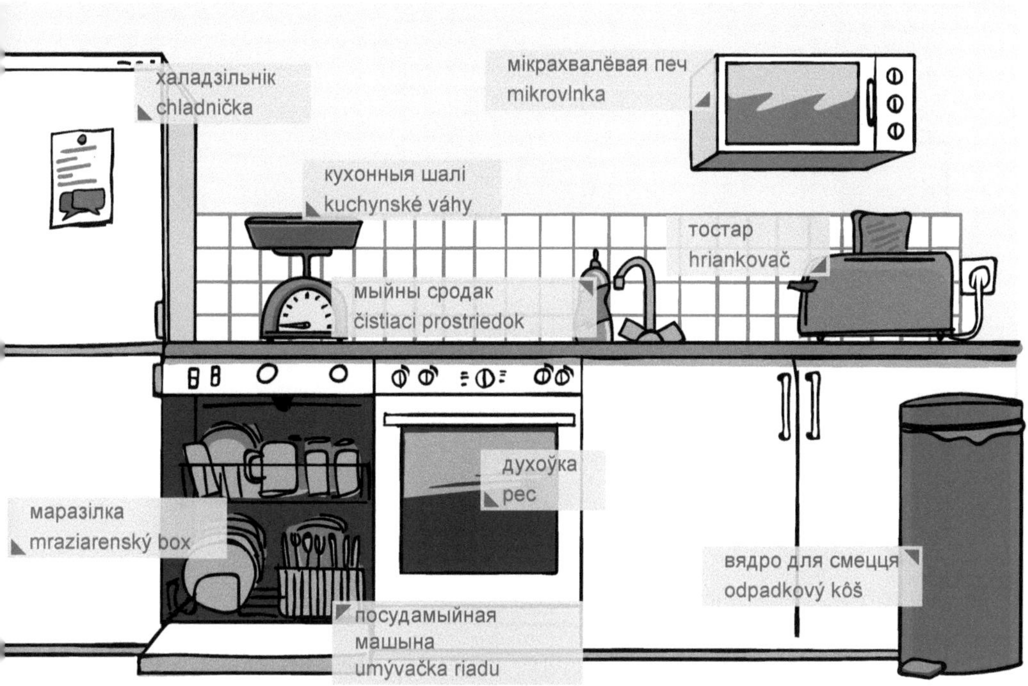

халадзільнік
chladnička
мікрахвалёвая печ
mikrovlnka
кухонныя шалі
kuchynské váhy
тостар
hriankovač
мыйны сродак
čistiaci prostriedok
духоўка
pec
маразілка
mraziarenský box
вядро для смецця
odpadkový kôš
посудамыйная
машына
umývačka riadu

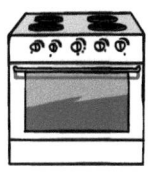

пліта
sporák

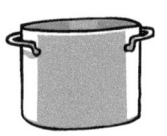

рондаль
hrniec

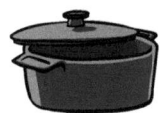

чыгунок
železný hrniec

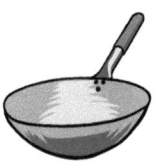

Вок / кадаі
wok / kadai

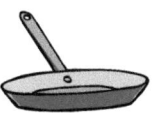

патэльня
panvica

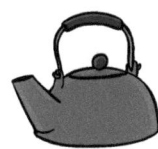

чайнік
rýchlovarná kanvica

параварка

parný hrniec

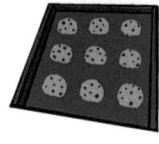

бляха

plech na pečenie

посуд

riad

кубак

pohár

міска

misa

палачкі для ежы

paličky

чарпак

naberačka na polievku

лапатачка

stierka

збівалка

metlička

сіта для варэння

cedidlo

сіта

sitko

тарка

strúhadlo

ступка

mažiar

грыль

gril

вогнішча

ohnisko

дошка
doska na krájanie

качалка
valček na cesto

штопар
vývrtka

бляшанка
konzerva

адкрывалка
otvárač na konzervy

прыхваткі
chňapka

ракавіна
vylevka

шчотка
kefa

губка
hubka

міксер
mixér

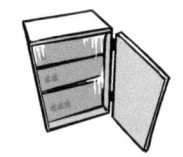

маразільная камера
mraznička

бутэлечка
kojenecká fľaša

вадаправодны кран
vodovodný kohútik

кухня - kuchyňa

ванная
kúpeľňa

ручніковы сушыцель
kúrenie
душ
sprcha
ручнік
uterák
штора для душа
sprchový záves
пенная ванна
pena do kúpeľa
ванна
vaňa
шклянка
pohár
мыйная машына
práčka
вадаправодны кран
vodovodný kohútik
плітка
dlaždice
начны гаршчок
nočník
ракавіна
výlevka

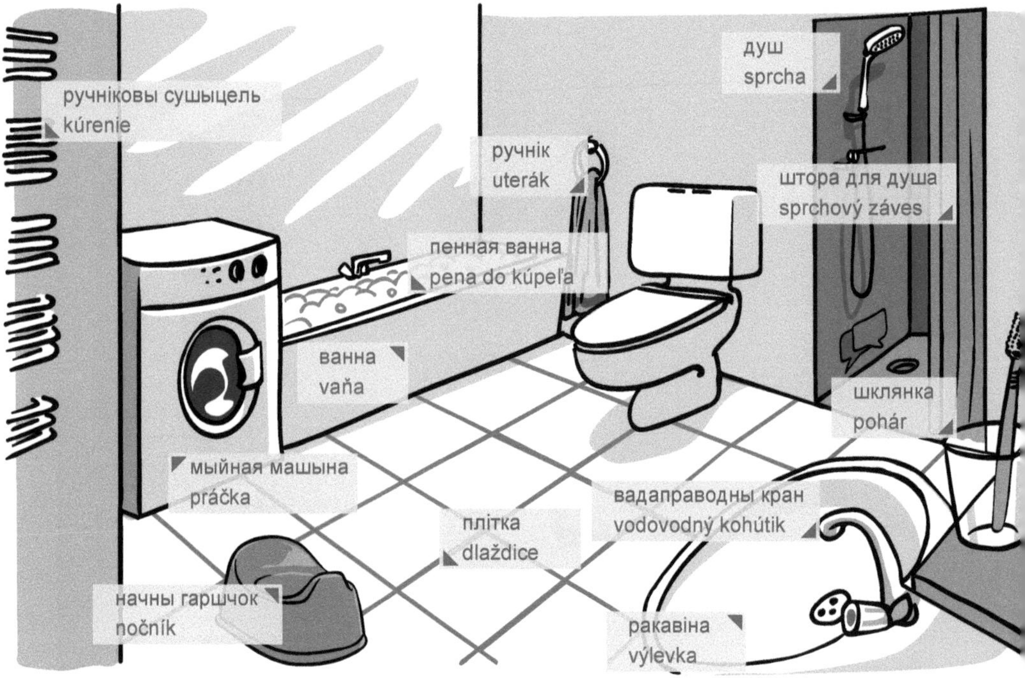

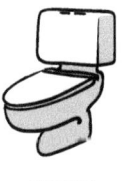

туалет

záchod

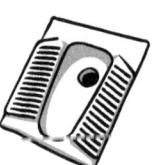

падлогавы ўнітаз

suchý záchod

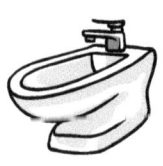

бідэ

bidet

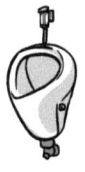

пісуар

pisoár

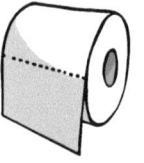

туалетная папера

toaletný papier

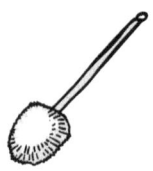

шчотка для чысткі ўнітаза

záchodová kefa

зубная шчотка

zubná kefka

зубная паста

zubná pasta

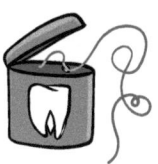

зубная нітка

dentálna niť

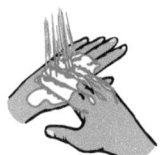

мыць

umývať

ручны душ

ručná sprcha

інтымны душ

sprcha pre intímnu hygienu

умывальнік

umývadlo

шчотка для спіны

kefa na chrbát

мыла

mydlo

гель для душа

sprchový gél

шампунь

šampón

вяхотка

frotírová rukavica

вадасцёк

odtok

крэм

krém

дэзадарант

dezodorant

люстэрка

zrkadlo

касметычнае люстэрка

kozmetické zrkadlo

станок для галення

žiletka

пена для галення

pena na holenie

ласьён пасля галення

voda po holení

грэбень

hrebeň

шчотка

kefa

фен

sušič vlasov

лак для валасоў

sprej na vlasy

касметыка

make-up

памада

rúž

лак для пазногцяў

lak na nechty

вата

vata

манікюрныя нажніцы

nožnice na nechty

духі

parfum

касметычка

kozmetická taška

табурэтка

stolček

вагі

váha

лазневы халат

kúpací plášť

санітарныя пальчаткі

gumové rukavice

тампон

tampón

гігіенічныя пракладкі

menštruačná vložka

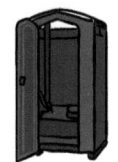

біятуалет

chemické WC

дзіцячы пакой
detská izba

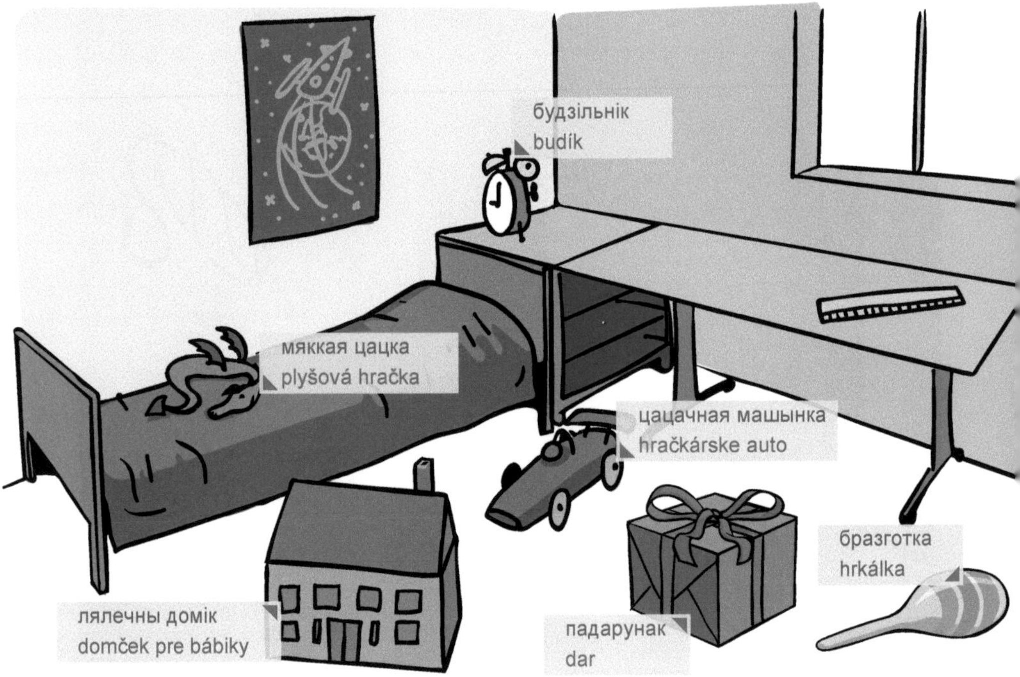

будзільнік
budík
мяккая цацка
plyšová hračka
цацачная машынка
hračkárske auto
бразготка
hrkálka
лялечны домік
domček pre bábiky
падарунак
dar

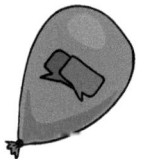

надзіманы шарык

balón

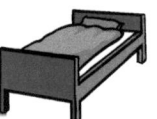

ложак

posteľ

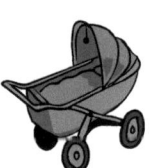

дзіцячая каляска

detský kočík

калода картаў

karty

пазл

puzzle

SUPER
MEGA

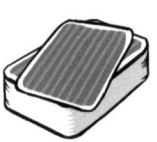

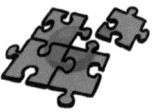

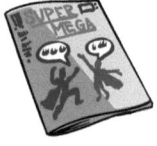

комікс

komix

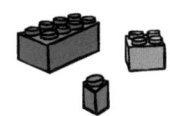

канструктар "Лега"

skladačka lego

канструктар

stavebnica

экшэн-фігурка

akčná postavička

дзіцячы гарнітур

dupačky

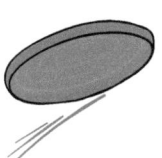

фрызбі

lietajúci tanier

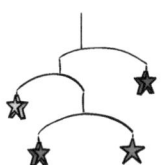

дзіцячы мабіль

závesné hračky

настольная гульня

stolová hra

кубік

kocka

дзіцячая чыгунка

modelový vláčik

пустышка

cumlík

дзіцячае свята

párty

кніга з малюнкамі

obrázková kniha

мячык

lopta

лялька

bábika

гуляцца

hrať sa

пясочніца

pieskovisko

арэлі

hojdačka

цацкі

hračky

гульнявая відэа прыстаўка

hracia konzola

трохколавы ровар

trojkolka

плюшавы мішка

medvedík

шафа

šatník

адзенне

šatstvo

шкарпэткі

ponožky

панчохі

pančuchy

калготкі

pančuchové nohavičky

шалік
šál

парасон
dáždnik

цішотка
tričko

рамень
opasok

боты
čižmy

пантоплі
papiče

красоўкі
tenisky

сандалі
....
sandále

абутак
....
topánky

гумовыя боты
....
gumáky

трусы
....
spodky

бюстгальтар
....
podprsenka

майка
....
tielko

бодзі

body

штаны

nohavice

джынсы

džínsy

спадніца

sukňa

блузка

blúzka

кашуля

košeľa

джэмпер

pulóver

талстоўка

sveter

блэйзер

blejzer

куртка

bunda

паліто

kabát

дажджавік

pršiplášť

касцюм

kostým

сукенка

šaty

вясельная сукенка

svadobné šaty

касцюм

oblek

начная сарочка

nočná košeľa

піжама

pyžamo

сары

sari

хустка

šatka na hlavu

цюрбан

turban

паранджа

burka

каптан

kaftan

Абая

abaja

купальнік

dvojdielne plavky

плаўкі

plavky

шорты

šortky

спартыўны касцюм

tepláková súprava

фартух

zástera

пальчаткі

rukavice

гузік

gombík

акуляры

okuliare

бранзалет

náramok

каралі

retiazka

кальцо

prsteň

завушніца

náušnica

кепка

čiapka

вешалка

vešiak

капялюш

klobúk

гальштук

kravata

маланка

zips

шлем

prilba

падцяжкі

traky

школьная форма

školská uniforma

уніформа

uniforma

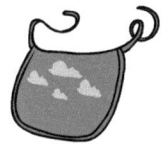

нагруднік

podbradník

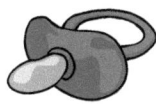

пустышка

cumlík

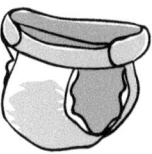

падгузнік

plienka

офіс
kancelária

сервер
server
канцылярская шафа
skriňa na spisy
прынтэр
tlačiareň
папера
papier
манітор
monitor
мыш
myš
пісьмовы стол
písací stôl
тэчка
zakladač
клавіятура
klávesnica
смеццевы кошык
kôš na papier
кампутар
počítač
крэсла
stolička

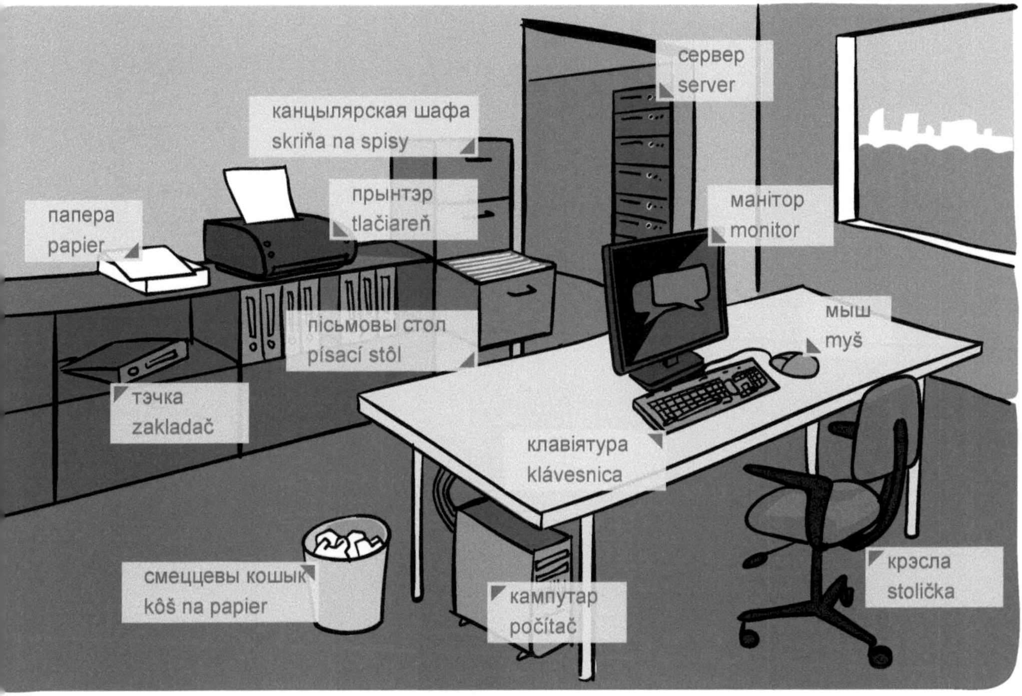

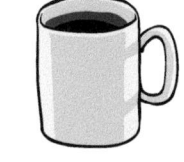

убак для кавы (філіжанка)

hrnček na kávu

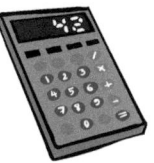

калькулятар

kalkulačka

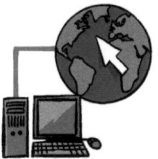

інтэрнэт

internet

ноўтбук

laptop

ліст

list

паведамленне

správa

мабільны тэлефон

mobil

сетка

sieť

ксеракс

kopírka

праграмнае забеспячэнне

softvér

тэлефон

telefón

разетка

elektrická zásuvka

факс

fax

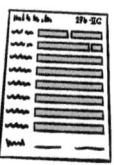

фармуляр

formulár

дакумент

doklad

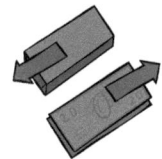

купляць

kúpiť

плаціць

platiť

гандляваць

obchodovať

грошы

peniaze

 USD

долар

dolár

 EUR

еўра

euro

 JPY

ена

jen

 RUB

рубель

rubeľ

 CHF

франк

švajčiarsky frank

 CNY

кітайскі юань

čínsky jüan

 INR

рупія

rupia

банкамат

bankomat

абменны пункт

zmenáreň

золата

zlato

срэбра

striebro

нафта

ropa

энергія

energia

цана

cena

кантракт

zmluva

падатак

daň

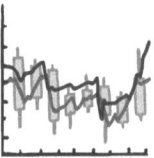

акцыя

akcia

працаваць

pracovať

служачы

zamestnanec

працадаўца

zamestnávateľ

фабрыка

továreň

крама

obchod

прафесіі
povolania

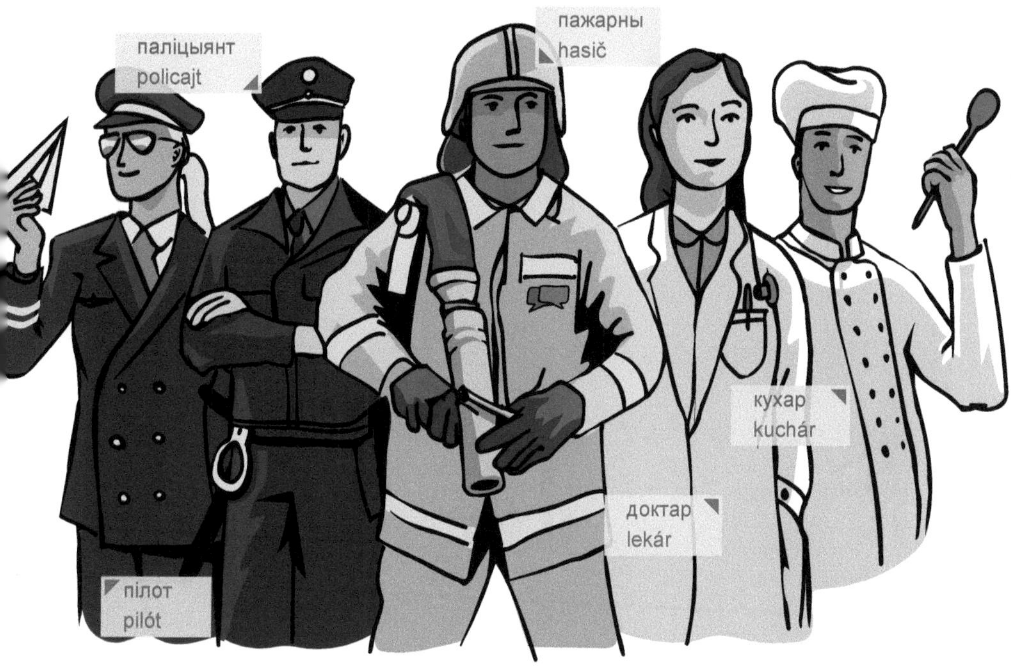
паліцыянт
policajt
пажарны
hasič
кухар
kuchár
доктар
lekár
пілот
pilót

садоўнік

záhradník

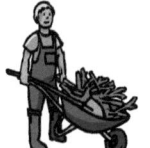

слесар

stolár

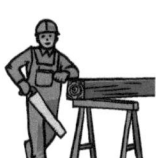

швачка

krajčírka

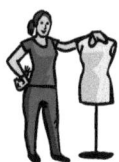

суддзя

sudca

хімік

chemik

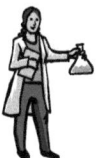

артыст

herec

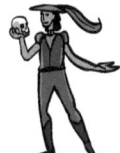

кіроўца аўтобуса

vodič autobusu

таксіст

taxikár

рыбак

rybár

прыбіральшчыца

upratovačka

страхар

pokrývač

афіцыянт

čašník

паляўнічы

poľovník

мастак

maliar

пекар

pekár

электрык

elektrikár

будаўнік

stavebný robotník

інжынер

inžinier

мяснік

mäsiar

сантэхнік

klampiar

паштальён

poštár

салдат

vojak

архітэктар

architekt

касір

pokladník

фларыст

kvetinár

цырульнік

kaderník

кандуктар

sprievodca

механік

mechanik

капітан

kapitán

стаматолаг

zubár

вучоны

vedec

рабін

rabín

імам

imám

манах

mních

святар

farár

інструменты
náradie

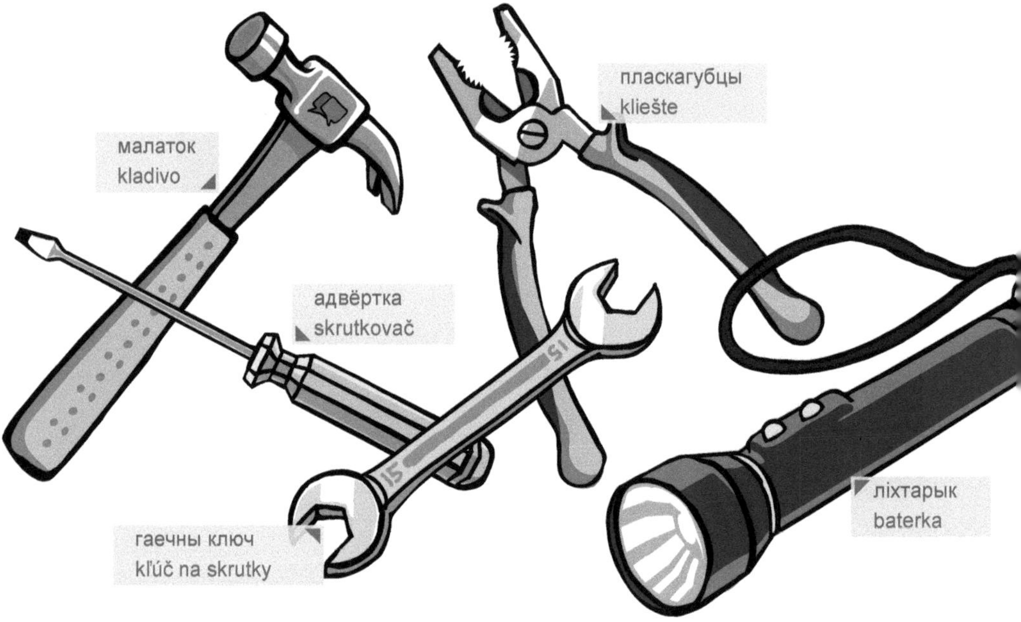
малаток
kladivo
пласкагубцы
kliešte
адвёртка
skrutkovač
гаечны ключ
kľúč na skrutky
ліхтарык
baterka

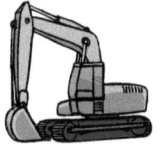

экскаватар

bager

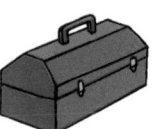

скрыня для інструментаў

súprava náradia

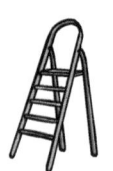

дравіны

rebrík

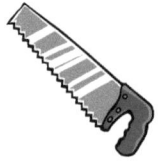

піла

pílka

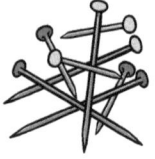

цвікі

klince

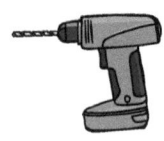

дрыль

vrták

рамантаваць

opraviť

рыдлеўка

lopata

Халера!

Do čerta!

шуфлік для смецця

lopatka na smeti

вядро з фарбаю

nádoba s farbou

балты

skrutky

музычныя інструменты
hudobné nástroje

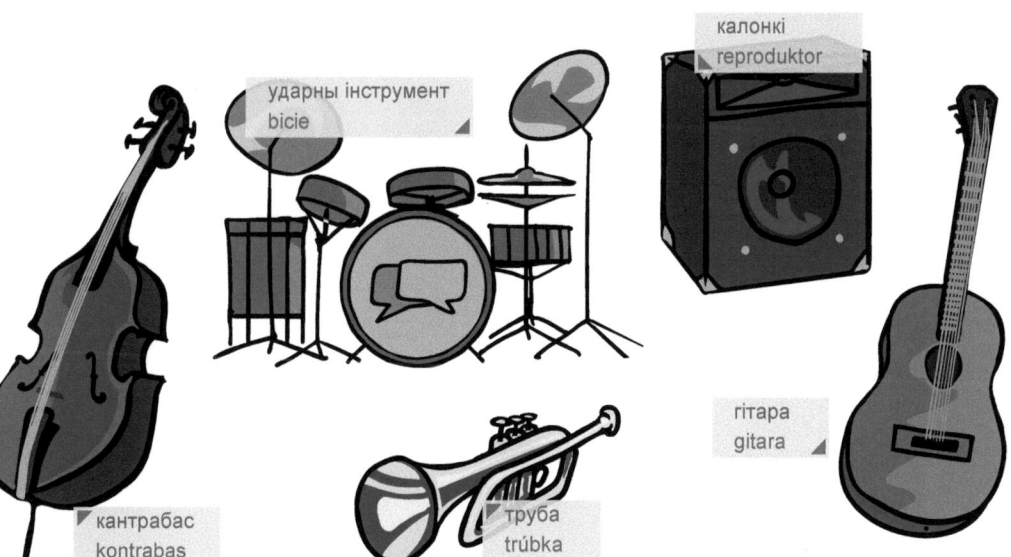

ударны інструмент
bicie

калонкі
reproduktor

гітара
gitara

кантрабас
kontrabas

труба
trúbka

піяніна

klavír

скрыпка

husle

басгітара

basa

літаўры

tympany

барабан

bubon

клавішны электрамузычны
інструмент

klávesnica

саксафон

saxofón

флейта

flauta

мікрафон

mikrofón

заапарк
ZOO

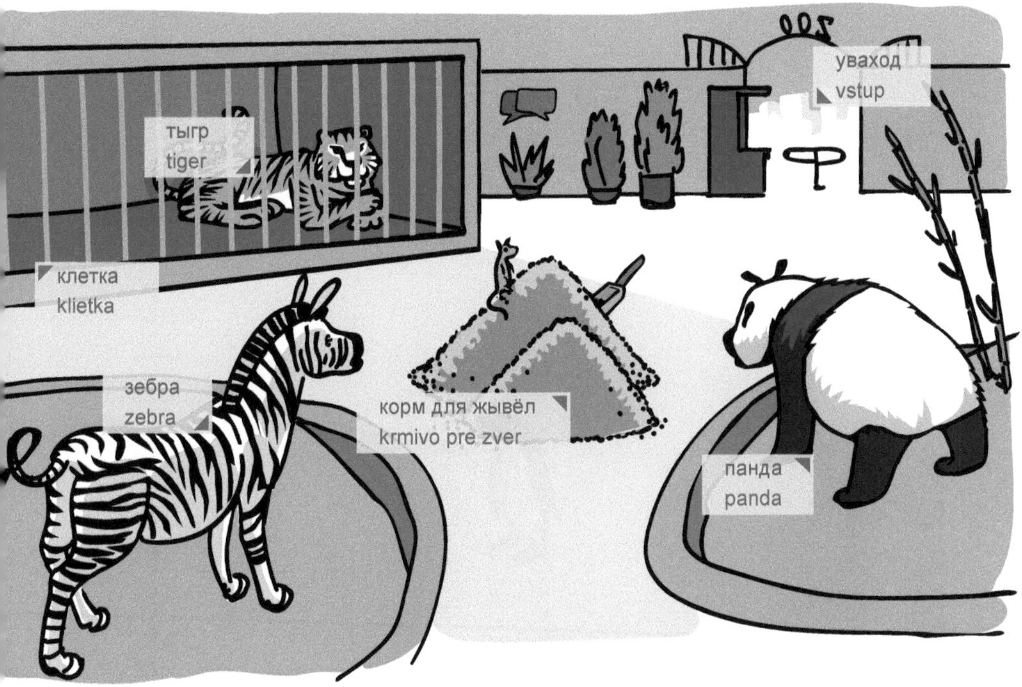
тыгр
tiger
уваход
vstup
клетка
klietka
зебра
zebra
корм для жывёл
krmivo pre zver
панда
panda

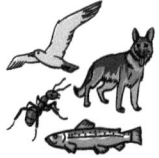

жывёлы

zvieratá

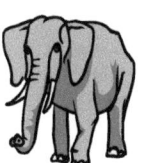

слон

slon

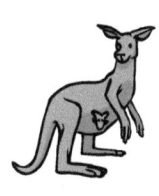

кенгуру

klokan

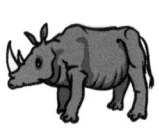

насарог

nosorožec

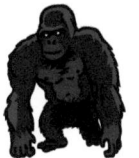

гарыла

gorila

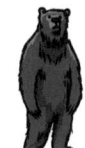

мядзведзь

medveď

вярблюд

ťava

стравус

pštros

леў

lev

малпа

opica

фламінга

plameniak

папугай

papagáj

белы мядзведзь

ľadový medveď

пінгвін

tučniak

акула

žralok

паўлін

páv

змяя

had

кракадзіл

krokodíl

наглядчык заапарка

ošetrovateľ v ZOO

цюлень

tuleň

ягуар

jaguár

поні
 poník

леапард
leopard

бегемот
hroch

жыраф
žirafa

арол
orol

дзік
diviak

рыбак
ryba

чарапаха
korytnačka

морж
mrož

ліса
líška

газель
gazela

американскі футбол
americký futbal

веласпорт
cyklistika

тэніс
tenis

баскетбол
basketbal

плаванне
plávanie

бокс
box

хакей з шайбай
hokej

футбол
futbal

бадмінтон
bedminton

лёгкая атлетыка
ľahká atletika

гандбол
hádzaná

горныя лыжы
lyžovanie

пола
pólo

дзейнасць
aktivity

смяяцца
smiať sa
скакаць
skočiť
абдымаць
objať
ісці
chodiť
спяваць
spievať
марыць
snívať
маліцца
modliť sa
цалаваць
pobozkať

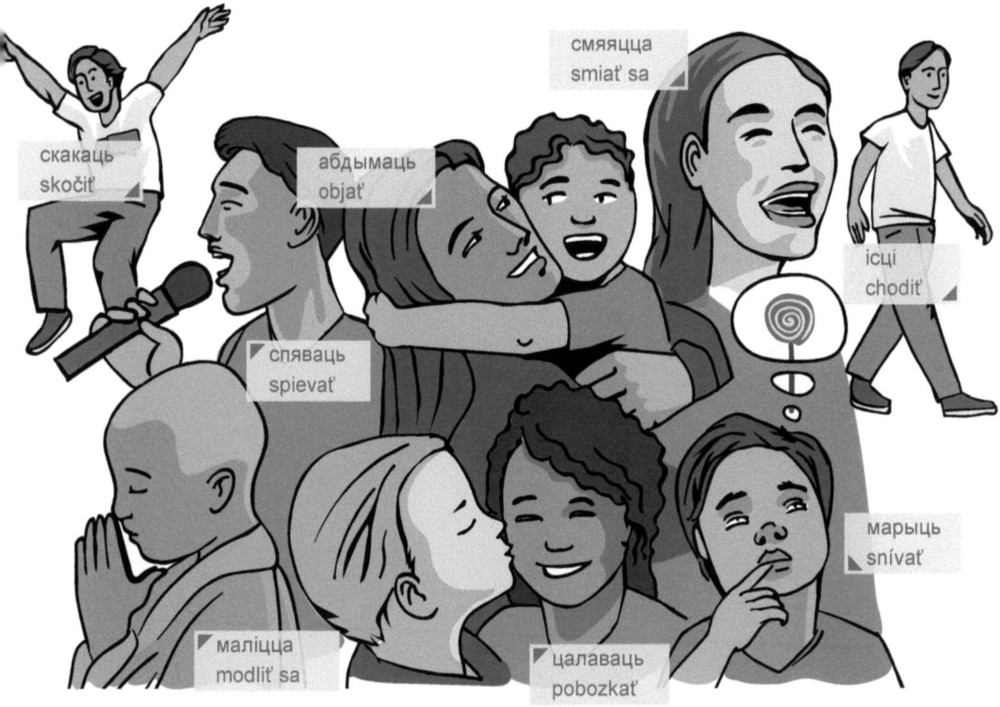

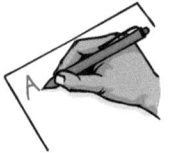

пісаць
....
písať

маляваць
....
kresliť

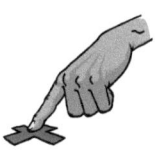

паказваць
....
ukázať

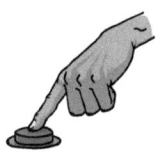

націснуць
....
tlačiť

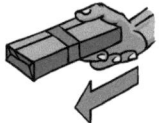

даваць
....
dať

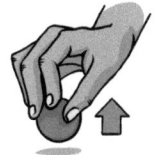

браць
....
brať

маць

mať

выконваць

robiť

быць

byť

стаяць

stáť

бегчы

bežať

цягнуць

ťahať

кідаць

hádzať

падаць

padnúť

ляжаць

ležať

чакаць

čakať

насіць

nosiť

сядзець

sedieť

апранацца

obliecť sa

спаць

spať

прачынацца

zobudiť sa

глядзець
pozerať

плакаць
plakať

лашчыць
hladkať

прычэсвацца
česať

гаварыць
hovoriť

разумець
rozumieť

пытаць
pýtať sa

чуць
počuť

піць
piť

есці
jesť

прыбіраць
upratať

кахаць
milovať

гатаваць
variť

ехаць
jazdiť

лятаць
letieť

плаваць пад ветразем

plachtiť

лічыць

počítať

чытаць

čítať

вучыць

učiť sa

працаваць

pracovať

уступаць у шлюб

oženiť

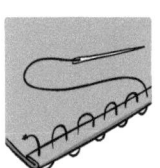

шыць

šiť

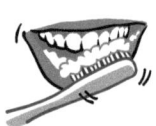

чысціць зубы

čistiť zuby

забіваць

zabiť

курыць

fajčiť

пасылаць

poslať

сям'я
rodina

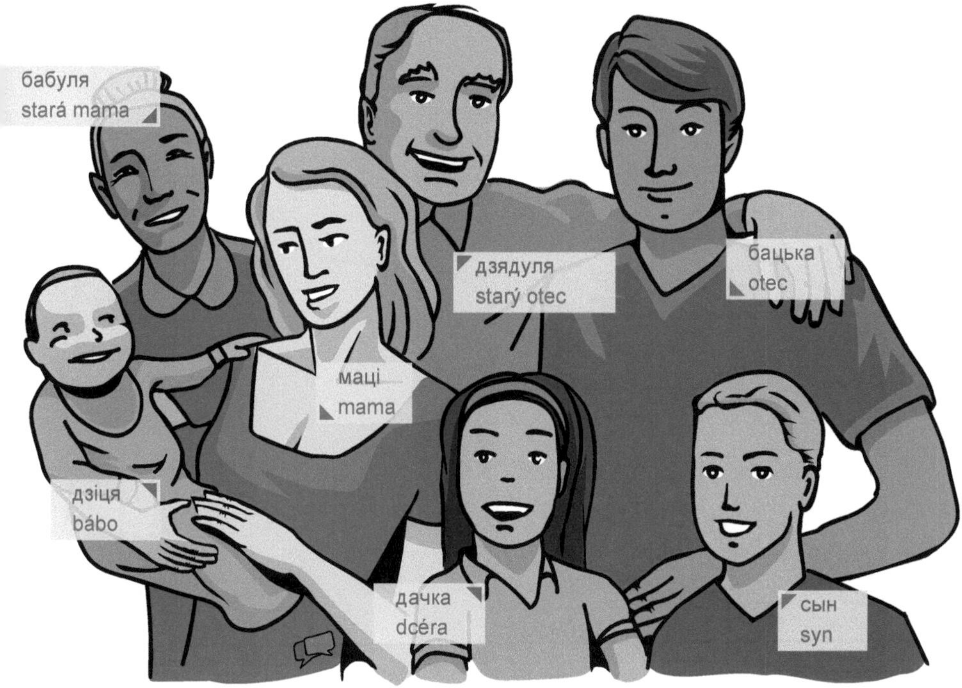
бабуля
stará mama
дзядуля
starý otec
бацька
otec
маці
mama
дзіця
bábo
дачка
dcéra
сын
syn

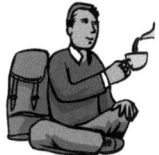

госць

hosť

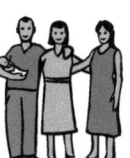

цётка

teta

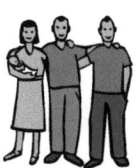

дзядзька

strýko

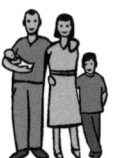

брат

brat

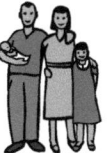

сястра

sestra

цела

telo

лоб
čelo
вока
oko
пляча
plece
палец
prst
твар
tvár
падбародак
brada
рука
ruka
нага
noha
грудзі
hruď
рука
rameno

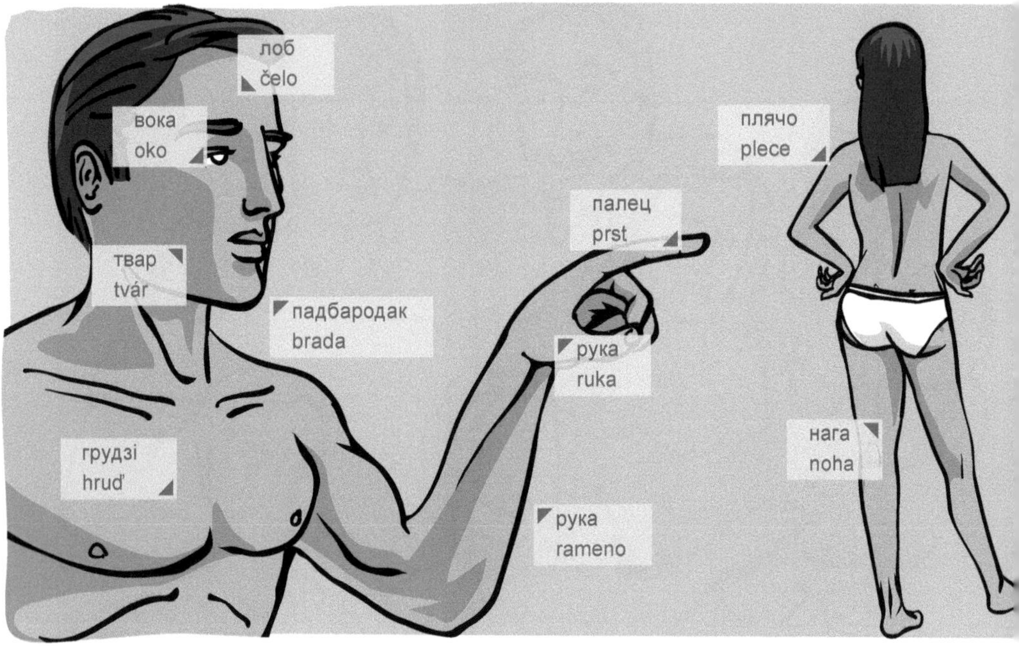

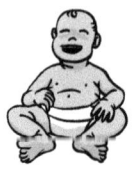

дзіця

bábo

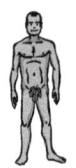

мужчына

muž

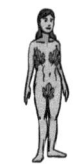

жанчына

žena

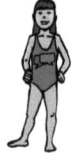

дзяўчынка

dievča

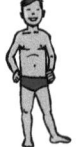

хлопчык

chlapec

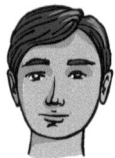

галава

hlava

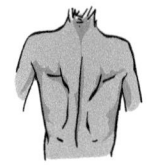

спіна

chrbát

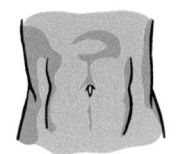

жывот

brucho

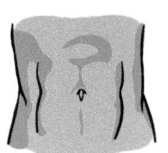

пуп

pupok

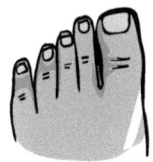

палец нагі

prst na nohe

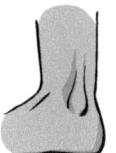

пятка

päta

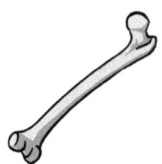

костка

kosť

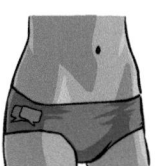

бядро

bok

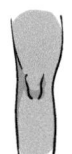

калена

koleno

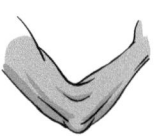

локаць

lakeť

нос

nos

ягадзіца

zadok

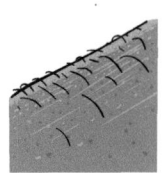

скура

koža

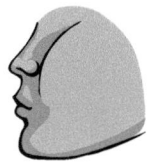

шчака

líce

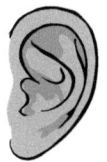

вуха

ucho

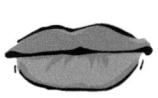

губа

pery

цела - telo

рот

ústa

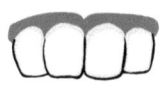

зуб

zub

язык

jazyk

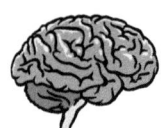

галаўны мозг

mozog

сэрца

srdce

мышца

svaly

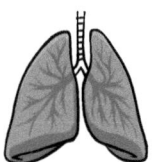

лёгкае

pľúca

пячонка

pečeň

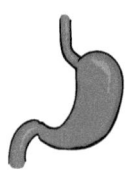

страўнік

žalúdok

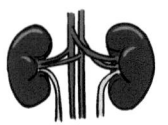

ныркі

obličky

сэкс

pohlavný styk

прэзерватыў

kondóm

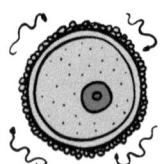

яйцаклетка

vaječná bunka

сперма

semeno

цяжарнасць

tehotenstvo

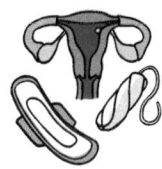

менструацыя

menštruácia

похва

vagína

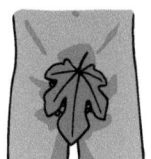

пеніс

penis

брыво

obočie

валасы

vlasy

шыя

krk

шпіталь
nemocnica

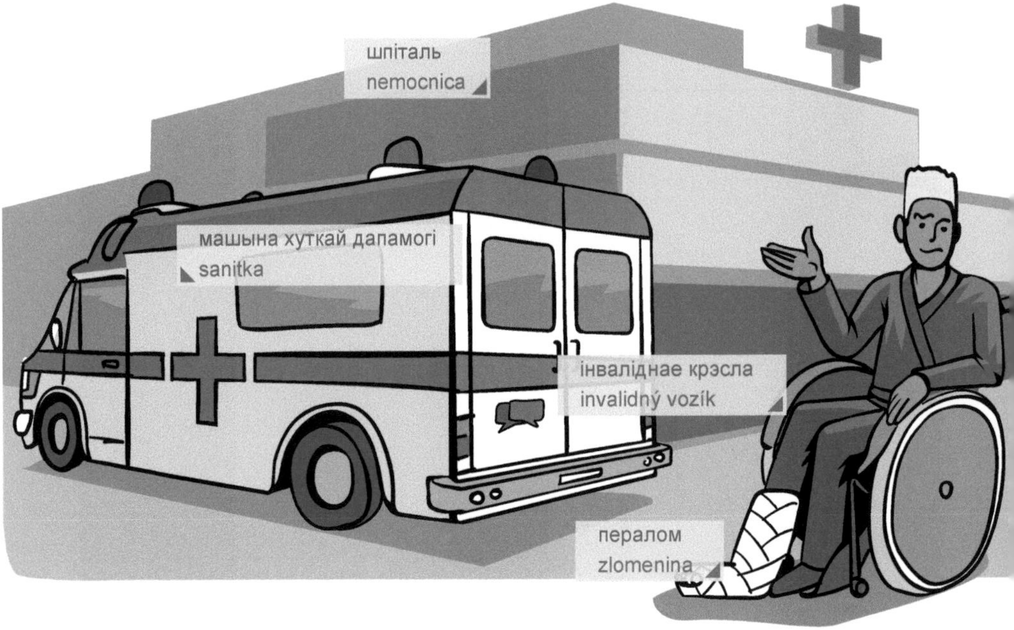

шпіталь
nemocnica
машына хуткай дапамогі
sanitka
інваліднае крэсла
invalidný vozík
пералом
zlomenina

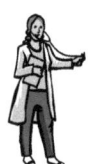

доктар

lekár

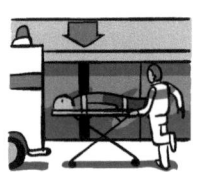

аддзяленне першай дапамогі

urgentný príjem

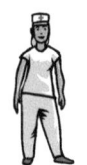

медсястра

sestrička

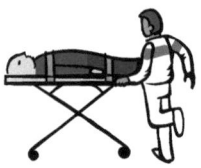

экстраная дапамога

urgentný prípad

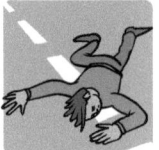

непрытомны

v bezvedomí

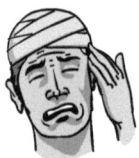

боль

bolesť

траўма
zranenie

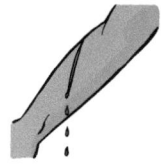

крывацёк
krvácanie

інфаркт
srdcový infarkt

апаплексія
mozgová porážka

алергія
alergia

кашаль
kašeľ

гарачка
teplota

грып
chrípka

панос
hnačka

галаўны боль
bolesť hlavy

рак
rakovina

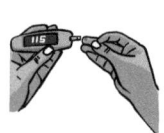

дыябет
cukrovka

хірург
chirurg

скальпель
skalpel

аперацыя
operácia

КТ
CT

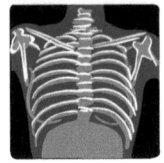

рэнтген
RTG

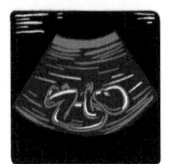

ультрагук
ultrazvuk

маска
maska

хвароба
choroba

пачакальня
čakáreň

мыліца
barla

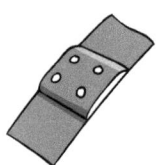

пластыр
náplasť

бінт
obväz

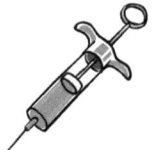

ін'екцыя
injekcia

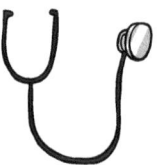

стэтаскоп
fonendoskop

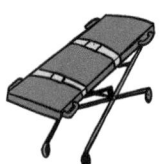

насілкі
nosidlá

градуснік
teplomer

нараджэнне
pôrod

лішняя вага
nadváha

слухавы апарат

audiofón

дэзінфекцыйны сродак

dezinfekčný prostriedok

інфекцыя

infekcia

вірус

vírus

ВІЧ/СНІД

HIV / AIDS

лекі

medicína

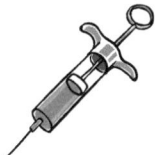

прышчэпка

očkovanie

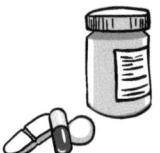

таблеткі

tabletky

супрацьзачаткавая
таблетка

antikoncepčná pilulka

экстраны выклік

tiesňové volanie

танометр

tlakomer

хворы / здаровы

chorý / zdravý

Ратуйце!

Pomoc!

сігналізацыя

alarm

напад

prepad

атака

útok

небяспека

nebezpečenstvo

аварыйны выхад

núdzový východ

Пажар!

Horí!

вогнетушыцель

hasičský prístroj

аварыя

nehoda

аптэчка

kufrík prvej pomoci

СОС

SOS

паліцыя

polícia

Еўропа

Európa

Паўночная Амерыка

Severná Amerika

Паўднёвая Амерыка

Južná Amerika

Афрыка

Afrika

Азія

Ázia

Аўстралія

Austrália

Атлантычны акіян

Atlantický oceán

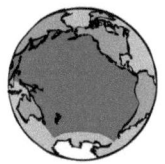

Ціхі акіян

Tichý oceán

Індыйскі акіян

Indický oceán

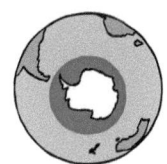

Паўднёвы ледавіты акіян

Južný oceán

Паўночны ледавіты акіян

Severný ľadový oceán

Паўночны полюс

Severný pól

Паўднёвы полюс

Južný pól

Антарктыда

Antarktída

Зямля

Zem

краіна

krajina

мора

more

востраў

ostrov

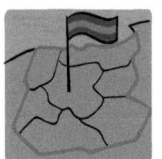

нацыя

národ

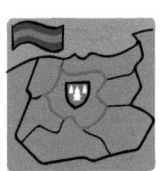

дзяржава

štát

цыферблат

ciferník

гадзінная стрэлка

hodinová ručička

хвілінная стрэлка

minútová ručička

секундная стрэлка

sekundová ručička

Колькі часу?

Koľko je hodín?

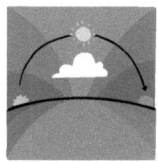

дзень

deň

час

čas

зараз

teraz

электронны гадзіннік

digitálne hodiny

хвіліна

minúta

гадзіна

hodina

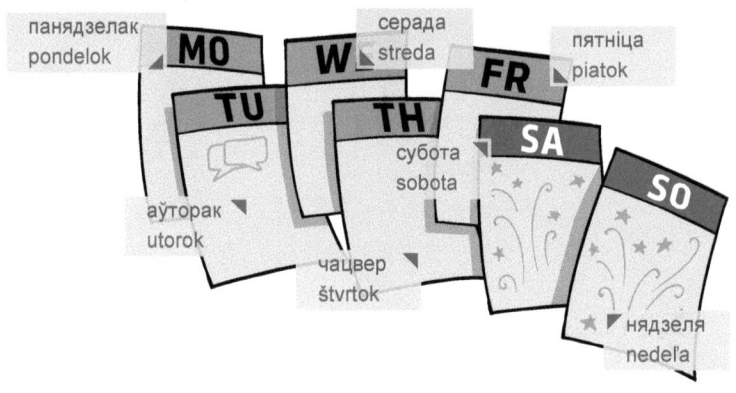

панядзелак
pondelok

серада
streda

пятніца
piatok

аўторак
utorok

чацвер
štvrtok

субота
sobota

нядзеля
nedeľa

ўчора

včera

сёння

dnes

заўтра

zajtra

раніца

ráno

абед

poludnie

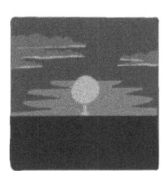

вечар

večer

працоўныя дні

pracovné dni

выхадныя

víkend

год

rok

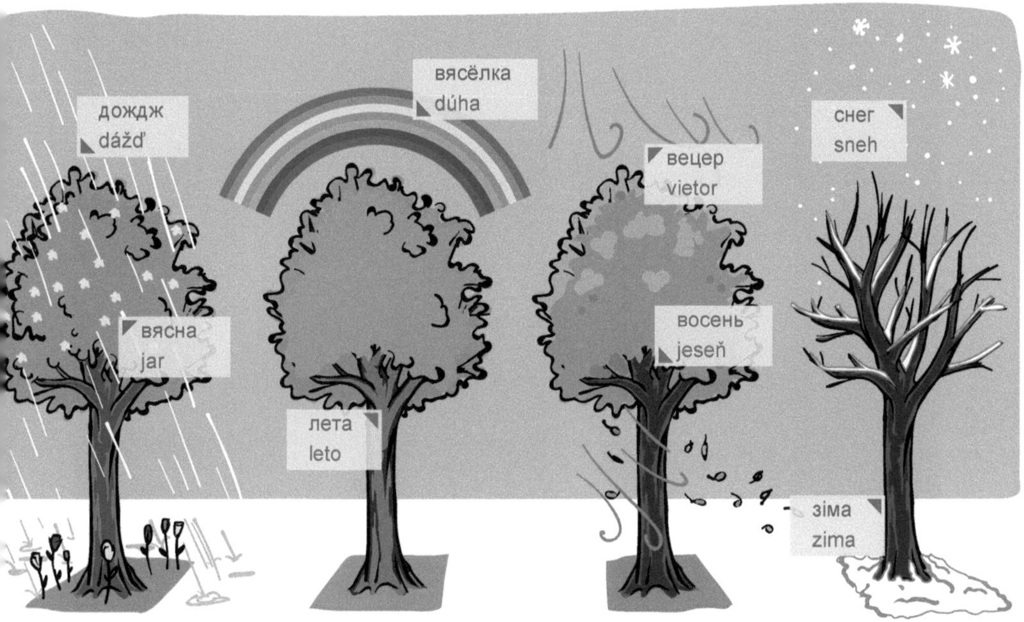

вясёлка
dúha
дождж
dážď
снег
sneh
вецер
vietor
вясна
jar
восень
jeseň
лета
leto
зіма
zima

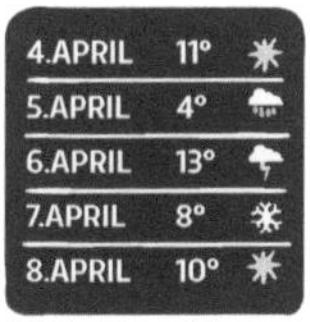

4.APRIL 11°
5.APRIL 4°
6.APRIL 13°
7.APRIL 8°
8.APRIL 10°

прагноз надвор'я

predpoveď počasia

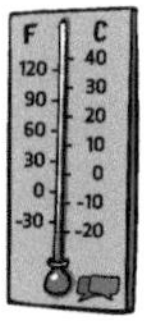

F C
120 40
90 30
60 20
30 10
0 0
-30 -10
-20

градуснік

teplomer

сонечнае святло

slnečný svit

воблака

oblak

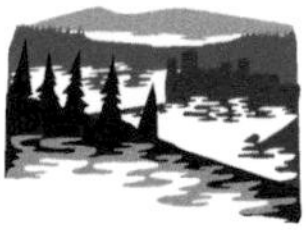

туман

hmla

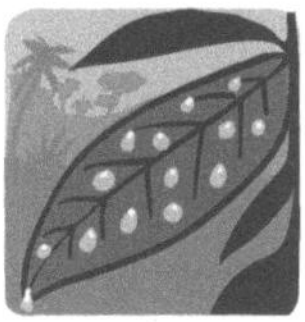

вільготнасць паветра

vlhkosť vzduchu

маланка
blesk

гром
hrom

бура
búrka

град
krúpy

мусонны вецер
monzún

прыліў
záplava

лёд
ľad

студзень
január

люты
február

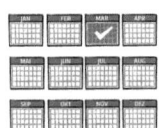

сакавік
marec

красавік
apríl

май
máj

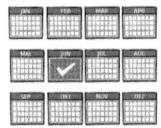

чэрвень
jún

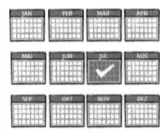

ліпень
júl

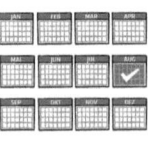

жнівень
august

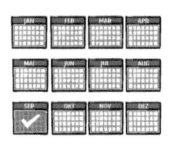

верасень
....
september

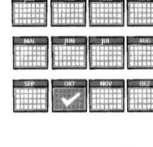

кастрычнік
....
október

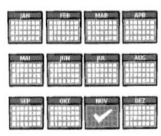

лістапад
....
november

снежань
....
december

формы

tvary

круг
....
kruh

квадрат
....
štvorec

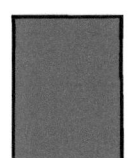

прамавугольнік
....
obdĺžnik

трохвугольнік
....
trojuholník

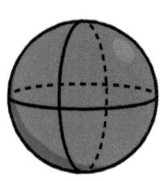

шар
....
guľa

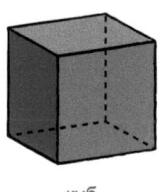

куб
....
kocka

белы

biela

жоўты

žltá

аранжавы

oranžová

ружовы

ružová

чырвоны

červená

фіялетавы

fialová

сіні

modrá

зялёны

zelená

карычневы

hnedá

шэры

šedá

чорны

čierna

шмат / мала

veľa / málo

злы / добры

zúrivý / pokojný

прыгожы / брыдкі

pekný / škaredý

пачатак / канец

začiatok / koniec

высокі / малы

veľký / malý

светлы / цёмны

svetlý / tmavý

сястра / брат

brat / sestra

чысты / брудны

čistý / špinavý

поўны / няпоўны

úplný / neúplný

дзень / ноч

deň / noc

мёртвы / жывы

mŕtvy / živý

шырокі / вузкі

široký / úzky

ядомы / неядомы

chutný / nechutný

злы / добры

zlostný / láskavý

узбуджаны / нудны

vzrušený / unudený

тоўсты / тонкі

tlstý / chudý

першы / апошні

prvý / posledný

сябар / вораг

priateľ / nepriateľ

поўны / пусты

plný / prázdny

цвёрды / мяккі

tvrdý / mäkký

важкі / лёгкі

ťažký / ľahký

голад / смага

hlad / smäd

хворы / здаровы

chorý / zdravý

нелегальны / легальны

nelegálny / legálny

разумны / дурны

inteligentný / hlúpy

левы / правы

vľavo / vpravo

побач / далёка

blízko / ďaleko

...овы / былы ва ўжыванні

noví / použitý

нічога / нешта

nič / niečo

стары / малады

starý / mladý

укл / выкл

zapnuté / vypnuté

адчынены / зачынены

otvorené / zatvorené

ціхі / гучны

tichý / hlasný

багаты / бедны

bohatý / chudobný

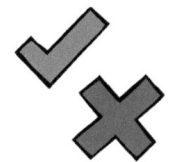

правільна / няправільна

správne / nesprávne

шурпаты / гладкі

drsný / hladký

сумны / шчаслівы

smutný / šťastný

кароткі / доўгі

krátky / dlhý

павольны / хуткі

pomaly / rýchlo

вільготны / сухі

mokrý / suchý

цёплы / халаднаваты

teplý / studený

вайна / мір

vojna / mier

0	**1**	**2**
нуль	адзін	два
nula	jeden	dva

3	**4**	**5**
тры	чатыры	пяць
tri	štyri	päť

6	**7**	**8**
шэсць	сем	восем
šesť	sedem	osem

9	**10**	**11**
дзевяць	дзесяць	адзінаццаць
deväť	desať	jedenásť

12

дванаццаць
dvanásť

13

трынаццаць
trinásť

14

чатырнаццаць
štrnásť

15

пятнаццаць
pätnásť

16

шаснаццаць
šestnásť

17

сямнаццаць
sedemnásť

18

васямнаццаць
osemnásť

19

дзевятнаццаць
devätnásť

20

дваццаць
dvadsať

100

сто
sto

1.000

тысяча
tisíc

1.000.000

мільён
milión

англійская

angličtina

англійская (Амерыка)

americká angličtina

кітайская мандарынская

mandarínska čínština

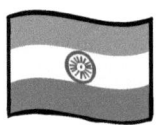

хіндзі

hindčina

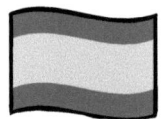

іспанская

španielčina

французская

francúzština

арабская

arabčina

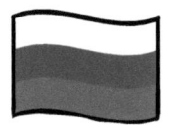

руская

ruština

партугальская

portugalčina

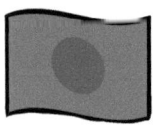

бенгальская

bengálčina

нямецкая

nemčina

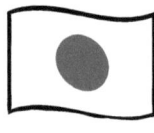

японская

japončina

я
ja

ты
ty

ён / яна / яно
on/ona/ono

мы
my

вы
vy

яны
oni

хто?
kto?

што?
čo?

як?
ako?

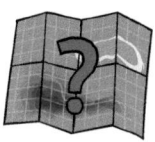

дзе?
kde?

калі?
kedy?

імя
meno

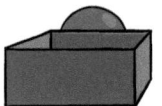

за
za

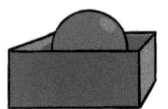

у
v

перад
pred

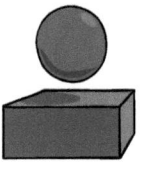

над
nad

на
na

пад
pod

каля
vedľa

паміж
medzi

месца
miesto